AF206119

Gabriele Scheld

Das Füllhorn des Janus

Abschied und Neubeginn

Kurzprosa und Lyrik

Bibliografische Information der Deutschen Nationalbibliothek
Die deutsche Nationalbibliothek verzeichnet diese Publikation
in der Deutschen Nationalbibliografie, detaillierte bibliografische
Daten sind im Internet über http.// dnb.dnb.de abrufbar

Herstellung und Verlag
BoD - Books on Demand, Norderstedt

ISBN: 978-3-7494-6496-8

Doppelgesichtiger Janus

Stoß an mit deinem Füllhorn

Leer es in einem Zug

Denn aus dem Ende

Wird der Anfang

Der Grund erst

Schenkt dir

Raum

ABSCHIED

Vorbei

Schemenhafte Geister

deren leuchtende Farben

ich einmal bewunderte

Dunkle Schattenbilder

deren blutrote Herzen

ich einmal begehrte

flackernde Irrlichter

deren beständigen Halt

ich einmal schätzte

Asphodelosblüten

wo einmal

mein Elysium

war

Ausgebremst

Mitten im Lauf bremse ich
mache kehrt, dreh wieder um
komm nicht an, suche mich
frage mich nach dem Warum

Mache kehrt, dreh wieder um
hinter Gittern eingesperrt
frage mich nach dem Warum
fühl mich hin und her gezerrt

Hinter Gittern eingesperrt
wenn auch nichts zu sehen ist
fühl mich hin und her gezerrt
statt Charakter nur Statist

Wenn auch nichts zu sehen ist
mache kehrt, dreh wieder um
statt Charakter nur Statist
frage mich nach dem Warum

Vergeblich

Zum Vater wendet
das Kind die Augen
Er will nichts taugen
Hoffnung verblendet

Beim Mann nun sucht
die Frau mit stillem Grollen
was er hätt´ geben sollen
Vater-verflucht

Weiter lächeln

Binden um meinen Leib
strahlend weiß
nach außen elastisch
metallische Klammern

Lächeln
weiter lächeln
weiter weiter weiter
Krampf in den Mundwinkeln

Leben, wo bist du?

Unter den Binden
Unter den Binden
das offene Fleisch
blutend warme Wunde
Tränen verströmend
Quelle der Verletzlichkeit

Geh doch, wenn du willst!

Es gab eine Zeit, da irrte ich ziellos durch die Straßen, denn ich hatte kein Zuhause.

Nach einigen Monaten wurde ich aufgegriffen und man brachte mich ins Gefängnis.

Mir war es recht. In meiner Zelle war es warm und es gab jeden Tag zu essen.

Der Wärter war einigermaßen freundlich und ich freute mich über seine Gesellschaft.

Anfangs wurde mir sogar ab und zu ein Freigang zugestanden. An diesen Tagen suchte ich Orte meiner Vergangenheit auf. Dabei begleitete mich mein Bewacher und ich war über seinen Schutz dankbar.

Ich fühlte mich nicht eingekerkert, sondern in Gewahrsam genommen. Es gab einen festen Tagesablauf und man sagte mir, was ich zu tun und zu lassen hatte.

Die Zeit verging. Irgendwann waren die alten Wunden nicht mehr so tief, die Sinne nicht mehr überreizt, die Schuld abgetragen.

Eine zarte Flamme neuer Energie flackerte in meiner Brust. Mein Blick wurde wacher.

Zum ersten Mal nahm ich meine Umgebung wieder deutlich wahr. Zum ersten Mal die Gitterstäbe meiner Zelle.

Dem Wärter gegenüber äußerte ich den Wunsch nach einem weiteren Freigang. Doch er wollte davon nichts wissen und kettete mich mit einer Fußfessel, an der eine schwere Eisenkugel hing, an die Wand meines Kerkers. Das Verlies sicherte er mit einem zusätzlichen herzförmigen Vorhängeschloss.

Die schwere Kette schnitt mir ins Fleisch und meine Beine verkrampften sich, weil mir die Bewegung fehlte. Warum wurden meine Haftbedingungen verschärft? Ich hatte mich doch immer gut geführt. Irgendwann überkam mich die Erkenntnis: Ich war die letzte Gefangene des Wärters, und wenn ich entfloh, war er arbeitslos. Deshalb verschloss er seine Ohren und die Zelle.

Nach einer Weile gewöhnte ich mich an die Beschwernisse. Denn ich sah, dass auch mein Bewacher litt. Daher hielt ich mich mit weiteren Bitten zurück. Dennoch blieb er argwöhnisch.

Jeden sehnsuchtsvollen Blick aus meinem Kerkerfenster quittierte er mit Misstrauen und manchmal geriet er so in Rage, dass er die Kette an meiner Eisenkugel verkürzte, sodass mir jede Bewegungsfreiheit genommen war.

Im Laufe der Zeit wuchs mein Widerstand. Ich suchte Streit, verlangte nach dem Schlüssel.

Manchmal öffnete mein Wärter mit traurigen Augen die Gittertür.

Dabei brüllte er: „Dann geh doch! Ich brauche dich nicht!" Für einen kurzen Moment stand ich außerhalb meines Verlieses, immer noch an die schwere Eisenkugel gebunden.

Normalerweise waren die Schlüssel für Kerker und Kette versteckt, aber an einem sonnigen Tag, der durch die Fenstergitter Strahlen in meine Zelle schickte, konnte ich sie sehen. Sie lagen in greifbarer Nähe. Mein Bewacher hatte sie vergessen. Oder hingelegt. Wer weiß das schon?

Vorsichtig griff ich danach. Als ich das Schloss öffnen wollte, klemmte es. Ich war so lange gefangen gewesen, dass der Verschluss eingerostet war. Ich ruckelte und klopfte so lange herum, bis das eiserne Herz auseinander klaffte. Nun löste ich auch die Kette. Endlich frei!

Mit stürmischem Schritt wollte ich nach draußen flüchten, doch auf einmal hielt ich inne.

Bilder überfluteten mich. Ich sah meinen Wärter vor mir, seine anfängliche Anteilnahme, seine klugen Bemerkungen, sein Lächeln, wenn er glücklich war. Die Qualen der letzten Jahre verblassten. Selbst die Eisenkugel verlor ihre Unerbittlichkeit. Vielleicht sollte ich sie als Erinnerung mitnehmen...

Ich prüfte noch einmal ihr Gewicht. Sie war zu schwer. Es war nicht möglich, mit ihr zu fliegen. Traurig verließ ich das Gefängnis.

Auszeit

kein Kontakt
wie du es willst
stolze Ausdauer
extrem verloren
die Seele erkunden

Clownmädchen

Mit Eyeliner und Lidschatten übertünche ich meine Angst, stelle mich bunt und sorglos zur Schau. Ein werbewirksames Abziehbild blickt mir aus dem Spiegel entgegen.

Doch die kalkulierte Wirkung kann die fehlende Substanz nicht verbergen.

Das irisierende Blau meiner Augen wirkt trüb. Die Seifenblasen zerplatzen. Es bleibt eine schmierige Brühe. Formlos, überflüssig, sobald die glänzende Oberfläche der schillernden Kugeln durch einen Riss zusammenfällt.

Und diese glibberige, nutzlose Masse hat nicht einmal den Anstand, sich unauffällig aus meinem Leben zu schleichen.

Sie ertränkt mich in längst vergessenem Schmerz, quillt unter den Wimpern hervor.

Ich presse die Augen fest zusammen, ersticke die Tränen unter einer dicken Schicht Kajal, tue so, als leide ich nur an den Folgen einer leichten Allergie, die ich mit ein paar Schönheitspflästerchen überdecken kann.

Zu spät! Die salzige Flut lässt sich nicht mehr dämmen, bricht heraus, weicht die Farbe auf. Die schwarzen Kajalstriche verlieren an Kontur. Es bleibt ein trauriges Clownmädchen mit geröteten Puppenaugen und verlaufener Schminke. Die Maske ist entlarvt. Die begehrte Liebhaberin bleibt trocken. Ich weine.

Raus damit

Lach nicht
Kotz dich aus
Lass die Wut los
Halt nicht mehr an dich
Gib der Angst Raum
Lauf nicht weg
Wein nur

Weiter

sie tiefer
stoß ihn er
stößt und stößt und stößt
nicht mehr länger
kürzer wird er

sie stärker
stoß ihn er
stößt stößt stößt
immer weiter
weicher wird er

du bist so weit
weg von mir

Das Waschbecken

Eine Autopanne.
Im Dorf gibt es kein Hotel. Nur ein möbliertes Zimmer in einem Gasthof. Karg eingerichtet.
Fliegen surren um die verstaubte Pendelleuchte, deren Licht neongrell auf das weiß lackierte Eisenbett mit den verblichen geblümten Bettdecken strahlt.
Die Gemeinschaftstoilette ist auf dem Flur. Aber immerhin gibt es ein eigenes Waschbecken.
Die Balkontüren, die ein verrostetes Metallgitter vom Abgrund trennt, sind leicht geöffnet. Ein ehemals weißer, nun nikotinverfärbter Spitzenvorhang flattert in der lauen Abendluft.

Mit angespannten Muskeln sitze ich, unbequem ans Eisengitter gelehnt, auf dem Bett.

Theo ist verschwitzt.
Von der Autopanne und der ungewohnten Lage.
Er will sich frisch machen.
Doch hier gibt es keine Duschkabine mit duftender Seife und blank geputzter Trennwand.
Hier gibt es nur dieses alte, gesprungene Waschbecken, ihn und mich.

Verloren steht Theo da, zieht sich zögerlich aus.
Er hat keinen Waschlappen und bespritzt mit bloßen Händen seine Brust mit Wasser.

Es ist lange her, dass ich ihn ohne Duschtrennwand gesehen habe.

Leicht hängende Schultern über einem hageren Oberkörper mit kleinem Bauchansatz.

Der Po angespannt, die Beine etwas dünn.

Theo beginnt, seinen Penis zu waschen. Seinen, ein wenig verschrumpelten, erschöpften Penis.

Ich fühle mich wie eine Voyeurin.

Er bekommt eine Erektion. Es ist ihm peinlich.

Sein Schwanz ist jetzt prall und groß.

Er benetzt ihn mit Wasser, beginnt ihn zu massieren.

Theos verhaltenes Aufstöhnen ist der Höhepunkt unserer Vereinigung.

Er steht am Waschbecken. Sein Samen rinnt langsam in den Abfluss.

When will we meet again?

Blindwütig schießt er. Der weit gestreute Kugelhagel erreicht sie nicht. Leere Worthülsen fallen zu Boden. Er verpulvert seine Munition. Denn er vermutet sie am falschen Ort. Immer wieder lädt er nach, möchte sie endlich treffen. Wenn er sie nicht lebendig haben kann, dann eben tot.
Eine seiner Salven findet schließlich ihr Ziel.
Der Kolben des Gewehrs schlägt zurück.

Aus-Schreiten

Mit ausholenden Schritten nimmt er den Weg, bestimmt die Richtung.

Sein Maßstab: Es muss die andere sein. Unklarheit will er sich nicht leisten, lieber den Irrtum, der zu leugnen ist. Denn jede Strecke hat ein Ziel. Und war es vorher nicht seins, dann verleiht sein Kurs ihm Bedeutung.

Die Frau folgt nach, fleht nach einem Stopp: „Stopp! Bitte stopp! Bitte!"

Ihr Ruf bricht sich an der felsigen Härte seines heimlichen Triumphes, wird als Echo auf sie zurückgeworfen. Zuletzt verhallt er ungehört.

Die Frau rennt hinterher, holt auf, greift linkisch nach seiner Rechten.

Doch er verweigert die Hand, schreitet aus…

der Beziehung

An der nächsten Wegkreuzung bleibt er stehen, weiß nicht, wohin.

Er hat sich verrannt, sein Ziel verloren.

Silvester

Fünf, vier, drei,
zwei, eins, null
Hoffnungsvoll
halt ich den Kelch
Verhalten
hebt er das Glas
Sehnsüchtig
such ich den Blick
Ausweichend
guckt er zum Hals
Bedürftig
spitz ich den Mund
Pflichtbewusst
küsst er die Luft
Fünf, vier, drei,
zwei, eins, null

NEUBEGINN

Hoffnungshalme

Aus den unerbittlich weißen Fliesen kriechen eisige Kältewürmer vom Steiß ins Rückgrat. Andere fressen sich durch die weichen Flanken, schlängeln sich weiter bis unter die Rippen, erreichen das nutzlose Herz.

Dort graben sie sich ein, legen Eier, entlarven ihre Gier. Fremdkörper-Parasiten, die den Leib von innen heraus vergiften, auf die Gelegenheit warten, die ungeschützten Glieder zu zerlegen.

Aber wen kümmern schon die gefräßigen Maden?

Ein spürloser Körper spurlos verschwunden.

Es ist kalt, so kalt.

Will nicht aufstehen. Nicht mehr.

Habe abgeschlossen. Ausweglos.

Die alles vertilgenden Würmer haben das Gesicht meines Ehemanns.

Beklommenheit macht meine Kehle eng, verkrampft die Muskeln.

In guten wie in schlechten Zeiten – so lautet der Schwur. Man hält sich doch an Versprechen.

Er ist nicht böse, nur krank, überfordert, nicht genug geliebt.Dass er mich vor einigen Wochen geschlagen hat, war sicher ein Ausrutscher. „Schau mich nicht so verachtend an!", hat er geschrien. Und schon war die Faust in meinem Gesicht. Notruf, Polizei mit Schäferhunden. Er vor dem Fernseher: „Meine Frau ist hysterisch. Sie verstehen schon … postnatale Depression!".

Panik, als die Polizisten schulterzuckend das Haus verlassen. Todesangst. Um mich und um meine – seine – unsere von mir entfremdete Tochter, die ich nicht vor ihm beschützt habe.

Geändert hat sich nichts. Ein Tag wie der andere. Angst.

Jetzt liege ich auf dem verschmutzten Badezimmerboden, über mir als Deckenleuchte eine fahle Glaskugel. Das mitleidlose Licht wirkt wie ein Vergrößerungsspiegel: Ein ausgekühlter Körper, ein Objekt wie in einem Skulpturengarten. Dekoration, aufgestellt, satt gesehen, überwuchert. Unauffindbar.

Wie lange ist es her, dass ich mich lebendig gefühlt habe! Jetzt ist selbst die Sehnsucht danach gestorben.

Durch das gekippte Fenster weht ein Lufthauch. Draußen auf einem Hügel im Wind schwankende Grashalme, durch die Gardine nur schemenhaft erkennbar. Hoffnungshalme habe ich sie insgeheim genannt. Sie rühren mich nicht mehr. Pandoras Büchse ist leer, bis auf den Grund ausgekostet.

Der Schlüssel steckt von innen. Meine eisigen Hände können ihn nicht mehr fassen. Links neben mir die Badewanne. Auf dem Rand die gelbe, fröhliche Quietsche-Ente meiner Kleinen. Wie oft habe ich verzweifelt bei meiner Tochter gesessen, während sie selbstvergessen im Schaumbad plantschte? Ich habe nie gespielt. Dafür viel gewartet. Dass es vorbei geht. Vergeblich.

Rechts neben meinem Kopf der Toilettenfuß. Da liege ich wie eine Obdachlose in einer öffentlichen Bedürfnisanstalt. Bedürfnisse hatte ich auch mal. Die gibt´s schon lange nicht mehr. Mich gibt's schon lange nicht mehr. Aus der Ferne höre ich das Gemurmel meiner Tochter. Sie liegt in ihrem Bettchen und spricht mit ihrem Teddy. Der ist bestimmt schön warm, anders als ihre Mama. Die ist immer nur kalt. Deswegen erfriert sie jetzt auch.

Die Struktur auf dem Glasschirm der Deckenleuchte sieht aus wie das Nordmeer, dessen von Schiffen gezogene Schaumspuren ein Muster ergeben.
Mich überkommt ein kleines Verstehen, das einen Ort zum Andocken sucht. Aber wo?
Mein Körper hat keinen Hafen mehr, nur unwirtliches Gelände, ein ödes Eiland, abgeschieden von der Welt, von Invasoren überrannt.
Ich dämmere ein. Bildfetzen streifen mich.

Es ist Nacht. Ich bin drei Jahre alt. Von meinem Bett aus sehe ich die Spielkiste. Sie lockt mich. Ich darf aber nicht. Papa hat es verboten. Schritte vor der Tür. Gott sei Dank! Es ist Mama. Sie geht vorbei. Sie geht immer vorbei. Dann kommt Papa. Er bleibt stehen und brüllt. Ich krieche unter meine Decke.

Ein anderes Bild: Ich bin schon größer, vierzehn Jahre alt. Es hat Krach gegeben. Obwohl es mir verboten war, habe ich einen Freund getroffen.
Mein Vater ist wütend. Ich versuche davonzulaufen.

Sein jähzorniges Toben im Rücken hoffe ich gehetzt auf eine Zuflucht. Ausweglos. Ich spüre seine Tritte in meinem Bauch.

Der Rhythmus seiner mitleidlosen Gewalt wird zum Donnern an der Wand, gegen die mein Vater seinen Kopf schlägt. Nun tut er mir leid. Er ist nicht böse, nur krank, überfordert, nicht genug geliebt. Dass er mich tritt, ist sicher ein Ausrutscher.

Die Kälte der Bodenfliesen weckt mich, holt mich in die Realität zurück. Bitterklar weiß ich, ich werde nicht erfrieren, mich nur verkühlen. Nicht einmal das Sterben ist mir erlaubt.

Ein Frösteln zieht in meinen Rücken. Es ist unangenehm. Ich will es nicht haben. Es soll warm sein, schön warm. Ein Schaumbad, duftend, verwöhnend. Für mich. Später. Vielleicht.

Ein Sonnenstrahl verirrt sich ins Bad. Vor dem Fenster sind immer noch die Hoffnungshalme. Auf einmal sind sie nicht mehr trügerisch, sie erinnern mich an die anderen Halme, die, die ich aus meiner Jugend kenne:

Am Morgen durchs geöffnete Fenster meines Zimmers Vogelgezwitscher, saftiges Grün, würzige Luft, ziehende Wolken. Ein kleines Viereck voll üppiger Lebensfreude inmitten meines tristen Gefängnisses. Die duftenden, melodischen Farben locken mich, in ihnen zu schwelgen. Und der Himmel wartet, dass ich fliegen lerne.

Das Wort Freiheit kommt mir in den Sinn.

Er – mein Vater, mein Ehemann, und wer sonst noch alles Er ist - kann mich nicht fesseln, kann mich nicht brechen.

Die Welt streckt mir die Hände entgegen. Eine tiefe Gewissheit erfasst mich, dass es etwas jenseits meiner Verzweiflung gibt.

Dass ich nur aufstehen muss.

Dass ich gehen, vielleicht sogar fliegen kann.

Behutsam übe ich die Beweglichkeit meiner eisigen Finger, teste, ob ich eine Faust ballen kann, lockere meine Gelenke, drehe mich vorsichtig zur Seite. Meine Glieder sind schwer, aber ein luftiges Flattern sucht vorsichtig nach einem Nistplatz in meiner Brust. Ich atme freier, bewege meine Schultern.

Vorsichtig stelle ich einen Fuß auf, komme schließlich zum Sitzen. Mir ist ganz schummerig. Ich halte eine Weile inne. Jetzt geht es wieder. Meine Beine zittern. Ich nutze den Badewannenrand als Halt und hangele mich nach oben. Endlich stehe ich.

Ein Blick in den Spiegel zeigt mir ein blasses Gesicht. Es ist ewig her, dass ich mich selbst angeschaut habe. Gut sehe ich nicht aus, aber ich bin wieder da.

Ich werde mein Leben wieder in meine eigenen Hände nehmen, Wege mit meinen eigenen Füßen gehen. Aufrecht und mutig sein.

Für meine kleine Tochter. Für mich.

Therapie I

T   Tragfähigkeit testen

H   Hoffnung hochhalten

E   Einsamkeit eingestehen

R   Rückfälle riskieren

A   Anteilnahme annehmen

P   Panik prüfen

I   Ideologien identifizieren

E   Entwicklung erleben

Los

Hoffnungsvoll zieht sie ein Glückslos.
Der Gewinn bleibt aus.
Glücklos lässt sie die Hoffnung los.
Zieht ihren Gewinn daraus.

Aufbruch

Die Maske bricht auf
Reißt in Fetzen
Lauf endlich! Lauf!
Bist nun zu verletzen
Doch endlich lebendig!

Lebensmut

Das Leben bot dir oft kein Zelt
Der Himmel war dir viel zu frei
Klein erschien mir deine Welt
Du lebtest weit an dir vorbei

Still war deine Wesensart
lud Gefühle selten ein
Ob du hart warst oder zart
immer wahrtest du den Schein

Kaum jemand kannte deine Wahrheit
Es lag dir nicht, für dich zu werben
Die Angst verhinderte die Klarheit
Du zogst es vor, in dir zu sterben

Schließlich nahte unser Ende
Du zogst dich von mir weit zurück
wagtest dann jedoch die Wende
suchtest wieder neu das Glück

In den letzten Liebesstunden warst du
endlich ganz bei dir
Hast all deine Furcht verwunden
Hattest Platz für Ich und Wir

Werdegang

warten
Wunder wünschen

        wirren wanken weichen
             winseln wimmern weinen
        Widerworte
             würgen wüten wehren
        werten wissen wählen

Wege wagen
wachsen

Die Kathedrale

Ich war in ärmlichen Verhältnissen groß geworden. Daher suchte ich schon seit meiner frühen Jugend nach Arbeit. Um etwas zu verdienen, nahm ich jede noch so niedrige Tätigkeit an. Die Bezahlung war schlecht. Mein Rücken und meine Seele wurden immer krummer.
Manchmal reichte es nicht einmal für den Lebensunterhalt.

Schließlich fragte ich auf der Bank nach einem Darlehen. Doch es fehlte mir an Sicherheit bei der Selbstauskunft. Ich kannte meine Verhältnisse nur ungenau, hatte das Urteil darüber immer anderen überlassen. Es wird niemanden wundern, dass ich nicht als kreditwürdig galt!

Meine nächste Anlaufstelle war ein Pfandhaus. Dort erhoffte ich, durch ein Tauschgeschäft endlich zu bekommen, was ich dringend brauchte. Ich gab meinen Körper als Pfand und bekam im Gegenzug das, was ich mit Liebe verwechselte. Dabei ging ich irgendwann pleite.

Meine Möglichkeiten waren erschöpft und ich wollte endlich nach Hause.
Doch es war stürmisch und dunkel, sodass ich den Weg nicht mehr fand.
Orientierungslos irrte ich durch menschenleere Gassen. Da war niemand, den ich hätte fragen können, wie es weitergeht.

Irgendwann kam ich zu der Kathedrale, die im Zentrum der Stadt lag.

Durch ihre hohen Buntglasfenster schimmerte Licht.

Zum ersten Mal nahm ich ihre majestätische, schieferbedeckte Kuppel mit der barocken Dachhaube wahr und daneben den Glockenturm, dessen Bruchstein-Fassade mit Blendbögen und ausladendem Gesims einen trutzigen Anblick bot.

Kurz darauf fand ich mich neben dem Hauptbau in einem Arkadengang wieder, der mich mit seinen verzierten Pfeilern angezogen hatte. Hier war es angenehm windstill.

Ich kam ein wenig zur Ruhe.

Zu gerne hätte ich das Innere der Kathedrale betreten. Aber es entsprach nicht meiner Gewohnheit, mich in einem Gotteshaus aufzuhalten.

Auch das Beten wollte mir nicht gefallen und zum Danken gab es wenig.

Immerhin wusste ich jetzt wieder, wo ich war. Daher ergriff ich die Flucht vor meiner Sehnsucht und bog schnell in die Straße ein, die zu meiner ärmlichen Unterkunft führte.

Die Nacht bescherte mir heftige Träume.

Altbekanntes bedrohte mich, Neues erschreckte mich.

Nach dem Aufwachen fühlte sich mein Körper an, als wäre er zerlegt und ohne Bauplan wieder zusammengesetzt worden.

Nichts war mehr an seinem angestammten Platz.

Es schien, als sei mein Kopf nun näher an meinen Händen und mein Unterleib näher an meinem Herzen.

Ein ungewohntes Gefühl.

In meinem Zimmer hatte sich Kälte breitgemacht. Die Heizung war wieder einmal ausgefallen. Daher zog ich mich warm an und verließ ohne ein festes Vorhaben das Haus. Der Spaziergang tat mir gut. Mein Kopf wurde frei, die Füße warm.

Unbeabsichtigt führte mich mein Weg wieder zur Kathedrale.

Ihre bronzenen Portale wirkten ehrfurchtsgebietend und ich hielt Abstand. Doch es gab eine kleine hölzerne Nebentür, durch die ich einen Blick ins Innere wagte. Ich sah antike Säulen und marmorverkleidete Wände, deren Schimmer mich an rosige Haut erinnerte. Als ich nach oben schaute, entdeckte ich ein Kreuzrippengewölbe. Daneben erhob sich die Kuppel, geschmückt mit bunten Mosaikbildern.

Überall roch es nach Weihrauch und Wachs. Ein Duft, den ich aus meiner Kindheit kannte. Als kleines Mädchen hatte ich mit meiner Großmutter manchen Gottesdienst besucht. Damals wollte ich immer eine Kerze anzünden, für Oma, Opa, Mama, Papa – und für mich.

Ein Priester, der am Altar beschäftigt war, nickte mir freundlich zu.

Ich ging scheu zu einer sich an den Haupttrakt anschließenden kleinen Kapelle und setzte mich dort auf eine Holzbank. Sie war erstaunlich bequem und meine Unruhe legte sich. Ich schloss die Augen und konnte mich endlich entspannen. Jetzt fühlte sich auf einmal alles richtig an. Ein „Danke" kam flüsternd über meine Lippen.

Es erfasste mich eine tiefe Klarheit:

Ich war unendlich reich.

Therapie II

Wenn auf dem Karussell das Gedankenpferd
verwirrt mal hierhin und mal dorthin trabte,
hast du es mit roten Fäden gebändigt

Wenn Wildwechselpfade bereits von Blattwerk
überwuchert sich im Dickicht verloren,
hast du einen sicheren Weg gefunden

Wenn Hunde wild mit gefährlichem Wolfsfell
getarnt unbegründete Ängste schürten,
hast du sie mir beherzt in den Schoß gesetzt

Wenn die Traurigkeit unter Lebenshunger
versteckt die Hände nach mir ausstreckte,
hast du mich mit Anteilnahme gefüttert

Zaghaft

Brachial speit die Zunge
Eruptionen
der brennenden Mundhöhle,
der wunden

Tief zeigt die Haut
Spurrillen
der zerbröselten Miene,
der entglittenen

Süchtig schluckt die Kehle
Betäubung
der giftigen Stimmen,
der verleugneten

Feige ersinnt das Gehirn
Utopismen
des wankenden Mutes,
des ziellosen

Zaghaft testet das Herz
Flügelschläge
der vergebenden Liebe,
der heilenden

Weg

wag dich weg
von mir
nicht von dir
zu dem Wunsch
der vor dir liegt
lass geh'n was dich hält
würgt
köpft
mach dich aus dem Staub
wag dich
geh du
ich bleibe hier

Klarheit

Ziel
gerichtete Aufmerksamkeit
spannt den Bogen
aus der
Mitte

Standpunkt

Brücken   abbrechen

an unbebauten Ufern
unbeugsam stehen

Neujahr

Neu ist das Jahr
Doch
Es zuckt noch das Reh
beim Knall
Es jault noch der Wolf
vor Gram
Es treibt noch der Dschinn
zur Flucht
Es lacht noch der Zwerg
voll Hohn
Es kreist noch der Greif
mit Gier
Es sorgt noch der Hort
für Schutz
Es hilft noch die Fee
in Not
Es mischt noch die Hex
mit Gift
Es tobt noch der Prinz
vor Wut
Es sinnt noch das Weib
auf Mord
Es hofft noch der Sohn
auf Trost
Es schmerzt noch der Alp
im Traum
Es fehlt noch der Mut
zum Glück
Es bleibt noch das Paar
trotz Furcht
Es wächst noch die Kraft
mit Herz
Neu ist das Jahr

Inhalt

Gabriele Scheld, 1967 in Frankfurt am Main geboren, hat Altphilologie, Theologie und Theaterpädagogik studiert. Neben ihrer Vorliebe für Kurzgeschichten und Lyrik inszeniert sie selbst verfasste lateinische und deutsche Bühnenstücke mit Jugendlichen.

Mehr von Gabriele Scheld...
elementar Lyrik

ISBN 9783748504467

In der Begegnung mit den Elementen bewegt sich die Lyrik von
Gabriele Scheld, ergänzt von ausdrucksstarken Naturaufnahmen,
zwischen kontemplativer Betrachtung und der Hingabe an das
pulsierende Leben.